JOE LAROCHETTE

Notice biographique et bibliographique

CENTRE INTERNATIONAL DE DIALECTOLOGIE GÉNÉRALE

BIOBIBLIOGRAPHIES ET EXPOSÉS

N.S. 1

JOE LAROCHETTE

Notice biographique et bibliographique

par P. SWIGGERS

suivie de l'exposé:

« Vers une sémantique du texte »

LEUVEN

CENTRE INTERNATIONAL DE DIALECTOLOGIE GÉNÉRALE

Blijde-Inkomststraat 21

1992

AVANT-PROPOS

L'œuvre de Joe Larochette illustre un parcours qui va de la linguistique romane à la linguistique générale et de celle-ci, par voie d'application et de besoin de vérification, à la linguistique africaine et — retour cyclique — à la linguistique romane. Au centre de cette œuvre est le problème du rapport entre *forme* et *sens*: rapport non univoque, qui justifie une double approche, grammatico-formelle et sémasiologique. C'est cette double approche qui permet — une fois qu'elle est mise en œuvre — de poser le problème fondamental: celui de la fonction, ou mieux de la fonctionnalité, du langage. On dit que le langage est un moyen de *représentation*, mais que faut-il comprendre par cela? En premier lieu, comment faut-il comprendre la notion de «représenter»: comme une mise en images (sonores), ou comme une «présentification» (all. *Darstellung*)? En second lieu: qu'est-ce qui serait représenté: «la réalité», notre vision de la réalité, ou une catégorisation, elle-même déjà langagière — et codée différemment d'après les langues — de la réalité? C'est de ces questions que Joe Larochette s'est occupé, surtout depuis les années 1950: un long mûrissement de l'enseignement de Guillaume, de sa propre expérience d'africaniste et de romaniste, et de ses lectures le conduit à la formulation d'une théorie sémantique (ou sémasiologique), qui constitue l'essentiel de ses publications des années 1967-1974. Le point d'ancrage sémasiologique explique que l'auteur ne peut souscrire à la façon dont le sens est traité dans le modèle de la grammaire transformationnelle, comme il apparaît dans ses articles publiés en 1969. Dans les années 1970, Joe Larochette s'occupe de plus en plus d'un problème «interlinguistique» qui l'a fasciné dès sa jeunesse: la flexibilité, très variable, que possèdent les langues à exprimer le rapport du locuteur (et des contenus qu'il énonce) avec le *temps*. Catégorie linguistique complexe (e.a. de par son lien avec l'aspect), le temps linguistique est avant tout un problème de *représentation*. Joe Larochette s'est appliqué à raffiner sa théorie sémasiologique de telle sorte qu'elle puisse «rendre compte» de l'emploi (et des emplois) que fait le locuteur des tiroirs temporels. La synthèse théorique est fournie dans les deux volumes de son ouvrage *Le langage et la réalité* (1974, 1980): l'exposé théorique y est suivi d'une description détaillée, l'auteur ne perdant jamais de vue le lien entre théorie et pratique, entre systématisation et empirie.

Pour l'exposé qu'on pourra lire ici, Joe Larochette a peaufiné un texte qui constitue à la fois un résumé de ses idées en sémantique et qui intègre la dimension pragmatique, à double orientation: celle vers la

«réalité» (ce qui pose le problème de l'adéquation et de la vérité des
énoncés) et celle vers le locuteur (ce qui pose le problème du «point de
vue» de l'énonciateur). Afin de faciliter la lecture de ce texte assez dense
— qui montre la continuité entre les études linguistiques et les études
littéraires —, nous avons ajouté à notre esquisse biographique un bref
résumé des conceptions de Joe Larochette en matière de sémantique.

P. Swiggers
F.N.R.S. belge

Joe Larochette:
Notice biographique et bibliographique

par

P. SWIGGERS

JOE LAROCHETTE: NOTICE BIOGRAPHIQUE*

Joe Larochette, né à Gand le 2 juillet 1914, a fait des études de philologie romane à l'Université de Gand. Reçu docteur en philosophie et lettres en 1936[1], il fut proclamé lauréat du Concours universitaire en 1937. Boursier de la Fondation universitaire et de la Fondation Francqui, il eut l'occasion d'aller étudier la linguistique générale et la linguistique romane à Paris. De 1937 à 1939, il suivit les cours de Georges Millardet à la Sorbonne, les conférences de linguistique générale de Joseph Vendryes à l'École Normale Supérieure et les cours de phonétique de Pierre Fouché à l'Institut de phonétique. Il obtint le diplôme de phonétique de cet Institut. Élève titulaire de l'École Pratique des Hautes Études, il a suivi les séminaires de Mario Roques et de Gustave Guillaume. Ce dernier le fit élire membre de la Société de Linguistique de Paris en 1939.

En 1939, Joe Larochette fut mobilisé comme officier de réserve. En 1940, il participe à la campagne des 18 jours; il passe trois mois de captivité à la forteresse de Colditz en Saxe. Libéré, il reprend ses études de linguistique générale en s'intéressant particulièrement aux langues africaines.

Chargé de cours en 1948 à l'Institut universitaire des Territoires d'Outre-mer (I.N.U.T.O.M.) d'Anvers, Joe Larochette y enseignera la linguistique africaine en général et la linguistique bantoue. Il fut un des membres de la Commission de linguistique africaine que le Ministre des Colonies institua en 1950 et qui s'occupa de la publication de grammaires et de lexiques des langues indigènes d'Afrique, rédigés selon de rigoureux critères scientifiques. En 1956, Joe Larochette fut envoyé dans la Province orientale du Congo belge pour y effectuer des recherches sur le terrain: il y rassembla les matériaux de sa grammaire du mangbetu-medje (1958) et d'abondantes notes sur le zande et sur d'autres langues «soudanaises». L'accession du Congo à l'indépendance en 1960 mit fin à l'activité de la Commission de linguistique africaine et à l'I.N.U.T.O.M. Joe Larochette, sans se désintéresser pour autant des langues africaines, revint à la linguistique romane et générale, en mettant au centre de ses recherches les problèmes de sémantique.

* Je tiens à remercier M. J. Larochette pour l'information et la documentation qu'il m'a aimablement fournies, et pour les nombreuses suggestions de correction et de révision de la présente notice.

[1] Sa thèse était consacrée aux «Images tirées du costume dans la langue du XVIe siècle».

Lorsque l'Institut supérieur de Commerce d'Anvers, où Joe Larochette faisait, depuis 1951, un cours de linguistique générale à la section consulaire, fut devenu l'Institut supérieur d'Économie théorique et appliquée, et qu'un Institut d'Interprètes et Traducteurs y fut annexé, il continua à faire son cours de linguistique générale à ce dernier Institut. En 1958, il fut chargé des cours de langue française à l'Institut supérieur d'Économie théorique et appliquée de l'État à Anvers. Après la création du Centre universitaire d'Anvers, Joe Larochette poursuivit son enseignement à la Faculté d'Économie. En 1969, il fut nommé professeur extraordinaire à l'Université de Leuven: il y enseigna, entre 1969 et 1978, la linguistique française et la linguistique romane comparée.

Joe Larochette a participé à de nombreux colloques et congrès: e.a. au «Study Group on Asian and African Languages» (London, 1959), aux neuvième, dixième et onzième congrès internationaux des linguistes (Bucureşti, 1967; Bologna, 1972; Wien, 1977), au «Colloque sur les langues d'Afrique et d'Asie» (Strasbourg, 1965), au premier «Colloque international de linguistique appliquée» (Nancy, 1965), au «Colloque international sur la classification nominale» (Aix-en-Provence, 1965), au «Colloque international de linguistique théorique et 'appliquée'» (Antwerpen, 1968), au colloque sur la notion d'aspect (Metz, 1978), etc. Il fit aussi de nombreux cours et exposés à l'étranger: sur la structure des langues africaines (cours à l'Université de Grenoble, 1966), sur la sémantique (Sulden, Studienstiftung des Deutschen Volkes, 1970), sur des problèmes de linguistique générale (Trier, 1978; Saarbrücken, 1972; Wien, 1981).

Ancien président du Cercle belge de Linguistique, Joe Larochette est membre de la Société de Linguistique de Paris; depuis 1971 il représente les linguistes belges au sein du Comité international permanent des linguistes (C.I.P.L.).

*

* *

Linguiste général, Joe Larochette s'est consacré à l'élaboration d'une théorie sémantique cohérente et appuyée sur une longue expérience de descriptiviste. Dans la suite de cette notice, nous voudrions présenter au lecteur les éléments indispensables[2] pour la lecture des travaux de Joe

---

[2] Nous nous appuyons en partie sur les introductions aux volumes I et II de J. Larochette, *Le langage et la réalité*, München, Fink, 1974 et 1980.

Larochette en sémantique générale[3], et pour une compréhension adéquate de l'exposé «Vers une sémantique du texte»[4].

Pour Joe Larochette, la sémantique est l'étude de la façon (ou des façons) dont le langage représente la réalité[5]. La **réalité** que Joe Larochette a en vue, c'est tout ce dont on peut dire quelque chose; elle comprend donc des «objets» inexistants, fictifs (p. ex. la licorne) ou totalement abstraits (p. ex. trente-deux), ainsi que des états de choses purement imaginaires (p. ex. l'atterrissage de petits hommes verts). Quant à la **représentation** (all. *Darstellung*, et non *Vorstellung*), elle s'effectue au moyen de signes de différents niveaux que l'analyse de l'énoncé permet de dégager.

Contrairement à la théorie saussurienne qui voit dans le signe une unité à deux faces, l'union consubstantielle d'un signifiant et d'un signifié, Joe Larochette appelle «signe» uniquement le signifiant, car l'analyse de l'énoncé en unités de contenu conceptuel n'est pas la réplique fidèle de l'analyse en unités signifiantes. Dans les formes *vais*, *allons*, *irai*, le radical est composé de trois «signes» différents pour une seule unité de contenu; tandis que le «signe» *chou* a des contenus différents (sémèmes) selon qu'il signifie «sorte de légumes», «sorte de pâtisserie», ou «personne chérie».

Le signe le plus court, le *morphème*, peut avoir un contenu conceptuel. Mais le morphème n'est pas lié à un signifié lorsqu'il ne constitue qu'une marque: c'est le cas de -*ait* dans *il allait*. Ce morphème ne signifie pas ce que signifie l'imparfait, il permet d'identifier une forme qui, elle, a cette signification. Les morphèmes peuvent avoir les fonctions intégrative, démarcative et distinctive que l'on reconnaît aux phonèmes[6].

Certaines unités de rang supérieur à celui des morphèmes, comme le verbe *avoir*, et qui ont un signifié que l'on peut définir en l'opposant à celui d'autres verbes au sein d'un paradigme, peuvent voir s'affaiblir ce signifié jusqu'à ce que le signe ne constitue plus qu'une marque (ce processus est celui de la «grammaticalisation»), comme c'est le cas dans

---

[3] Voir, outre les deux volumes mentionnés dans la note précédente, les articles «La signification» (*Linguistica Antverpiensia* 1, 1967, 127-169), «Problèmes de grammaire transformationnelle» (*Linguistica Antverpiensia* 3, 1969, 133-257), «À propos du livre de Klaus Heger *Monem, Wort und Satz*» (*Linguistica Antverpiensia* 6, 1972, 155-179) et «La représentation de la réalité» (*Folia Linguistica* 6, 1973, 177-184).

[4] Ce texte reprend l'essentiel de l'article «La portée de la phrase, 'le point de vue' et la valeur de vérité» (publié dans W. Bandhauer - R. Tanzmeister éds, *Romanistik integrativ: Festschrift für Wolfgang Pollak*, 1985, 303-313).

[5] La sémantique englobe à la fois l'étude des *moyens* de représentation langagière et l'examen des *résultats* de la représentation par la langue.

[6] Voir à ce propos J. Larochette, «À propos de la fonction des morphèmes» (*Mélanges de linguistique, de philologie et de méthodologie de l'enseignement des langues anciennes offerts à M. René Fohalle*, Gembloux, 1969, 65-72).

avoir fini. Un cas analogue est celui de *chauve-souris*, où les signifiés de *chauve* et de *souris* sont oblitérés et ne représentent qu'indirectement le contenu du mot composé.

Dans la langue, les signes, avec leur contenu conceptuel, sont liés à la classe d'objets qu'ils **désignent** virtuellement, grâce à ce contenu; dans le discours, ils sont utilisés pour dénoter un ou plusieurs membres de la classe, voire la classe tout entière. La désignation est un fait de langue; la dénotation est le fait du locuteur, qui représente le dénoté grâce au signifié[7].

Les membres d'une même classe ont en commun certaines particularités (**classèmes**) qui sont connues de l'allocutaire, peuvent être reconnues grâce au contexte et imposent certaines contraintes dans l'emploi des signes; elles servent à l'interprétation[8]. Si la phrase: *Le ministre a mangé le mur* nous paraît anormale, c'est parce que nous savons qu'un mur (ordinaire) n'est pas un objet comestible. Ce caractère est un classème, non un sème, un élément du signifié[9]. Si nous comprenons que *il est aimé* représente un procès présent et que *il est cassé* représente le résultat présent d'un procès passé, c'est parce que nous savons qu'aimer est un procès *continu*, tandis que casser est un procès *non continu* qui mène à un terme, au-delà duquel il ne peut que se répéter (seul le procès entier peut être répété)[10]. On observera que ce n'est pas le verbe qui est continu ou non continu, mais le procès désigné par le verbe. *Il est arrivé* peut signifier un événement passé ou le résultat présent d'un événement passé, de sorte que le même «tiroir» (= temps) est porteur d'un double sémème. Le système formel des «tiroirs» ne colle pas au système des signifiés.

---

[7] Le locuteur peut représenter la même personne comme étant la tante de Marcel, la mère d'Yvonne, la concierge du 21, etc.

[8] La métaphore et la métonymie ne se fondent pas sur des relations de similarité et de contiguïté entre des signifiés, mais entre les classes de réalités désignées. Si l'on peut dire *Le bureau du parti s'est réuni*, ce n'est pas en raison d'une contiguïté entre le signifié «lieu de travail d'une organisation» et le signifié «membres de la direction», mais en raison de la contiguïté entre les gens travaillant dans une pièce et cette pièce elle-même.

[9] Les sèmes se découvrent en opposant le contenu des signes au sein du même paradigme. L'opposition en espagnol entre *ave* et *pájaro* révèle l'existence des sèmes «grand» et «petit». Comme cette opposition n'existe pas en français, le signifié du mot *oiseau* ne correspond pas à celui des mots espagnols.
Les termes allemands *Erde, Boden, Grund, Land, Raum, Platz, Feld* etc. découpent la réalité en classes qui ne correspondent pas à celles de *sol, terre, terrain* en français: les sèmes contenus dans ces signes sont différents, ce qui rend les approches onomasiologiques fort hasardeuses.

[10] D'autres termes ont été utilisés pour désigner cette différence: imperfectif/perfectif; indéterminé/déterminé; esp. *permanente/desinente*. Quelle que soit la terminologie utilisée, il convient de garder à l'esprit qu'il s'agit d'une propriété du procès désigné par le verbe, et non d'une propriété du signifié. Le même verbe peut parfaitement désigner, en contexte, des événements déterminés (*écrire une lettre*) et des événements indéterminés (*écrire sans cesse*).

De même, les relations de **valence** entre signes ne correspondent pas nécessairement aux relations d'**incidence** entre signifiés. Dans *je serai bref*, le contenu de *bref* n'est pas incident au contenu du sujet mais à son discours. Dans *j'entrai quelques minutes chez lui*, *quelques minutes* ne se rapporte pas à l'événement d'entrer, mais à son résultat.

Dans le même ordre d'idées, les diathèses qui expriment les modes de participation au procès doivent être distinguées de ces modes de participation eux-mêmes. En espagnol, la forme pronominale réflexive *me operé* n'est pas «réfléchie», quand elle exprime que le sujet est actif et subit l'activité d'un autre participant («je me suis fait opérer»). Le mode est actif-passif. Au niveau de la phrase, il faudra distinguer à nouveau les états de choses qui sont représentés par les signifiés et ceux qui peuvent être induits de la connaissance ou de la reconnaissance des **traits textuels**, particularités des textes qui relèvent des différentes grandeurs impliquées par le fait que le texte est le produit d'un acte de parole[11].

Ces grandeurs sont:
(1) le locuteur
(2) l'allocutaire
(3) le lieu et le moment
(4) la langue fonctionnelle utilisée
(5) le mode de représentation ou de dénotation
(6) le stimulus et l'intention du locuteur
(7) l'attitude affective du locuteur
(8) l'attitude à l'égard de la valeur de vérité, selon le point de vue
(9) la réalité représentée et ses relations avec l'expérience socio-cul-
    turelle.

Les traits textuels permettent d'établir une typologie des textes. Il faut remarquer toutefois qu'un grand nombre de textes sont de type mixte, étant donné le manque de persistance des traits textuels. Le locuteur peut représenter son point de vue (= *idioscopie*), puis celui d'une autre personne (= *hétéroscopie*). Il peut parler d'un univers (p. ex. celui du passé), puis d'un autre (p. ex. celui d'un futur peu plausible). Il peut modifier son attitude ou ne plus l'exprimer. Il peut changer de lieu ou de moment, passer d'une langue fonctionnelle à une autre, modifier la force illocutionnaire en changeant l'intention, etc.

Le contexte[12] ne comprend pas seulement l'**entourage verbal** (les

---

[11] Le texte est la portion du discours parlé ou écrit entre deux ruptures ou interruptions de la communication; il peut comprendre un seul mot ou comporter plusieurs volumes.

[12] Le contexte est une source de contraintes pour l'articulation du texte: ces contraintes concernent à la fois le contenu de représentation et le mode d'énonciation.

portions du texte qui entourent la portion considérée dans l'interprétation), mais aussi l'ensemble de ce qui est connu des traits textuels et ce qui est connu des relations d'interdépendance, en particulier celles que les logiciens appellent conjonction, disjonction, inclusion, exclusion, implication, présupposition, et qui supposent chez l'allocutaire une certaine capacité de raisonnement logique[13].

Il existe en particulier une relation d'interdépendance entre les éléments de la réalité et les signifiés qui permettent de les représenter; on ne peut dire n'importe quoi de n'importe quoi. Les éléments grammaticaux qui représentent les relations d'incidence ont entre eux également des relations d'interdépendance, ce qui provoque des contraintes de norme, que l'on trouve par exemple dans la «concordance des temps». Si l'on prend une construction comme
Lorsqu'il pleut, je reste à la maison
on s'aperçoit qu'on peut y trouver *pleuvoir* à tous les temps de l'indicatif
Lorsqu'il a plu, je suis resté à la maison
Lorsqu'il pleuvra, je resterai à la maison
Lorsqu'il aura plu, je resterai à la maison
Lorsqu'il plut, je restai à la maison
Lorsqu'il eut plu, je restai à la maison
Lorsqu'il a eu plu, je suis resté à la maison[14]
Lorsqu'il pleuvait, je suis resté à la maison
Lorsqu'il avait plu, je restais à la maison
Lorsqu'il pleuvrait, je resterais à la maison
Lorsqu'il aurait plu, je resterais à la maison.
Mais on constate aussi que le choix du temps de *pleuvoir* limite celui du temps de *rester*. Des phrases comme
* *Lorsqu'il a plu, je restai à la maison*

---

[13] La logique s'oppose à ce qu'on attribue aux réalités des propriétés contradictoires; l'expérience apprend que certaines réalités n'ont pas certaines propriétés. Le décodage du discours présuppose ainsi non seulement une connaissance suffisante de la grammaire et du lexique, mais aussi une connaissance suffisante des réalités sur lesquelles le discours attire l'attention et une connaissance suffisante du rapport entre les signes et les réalités. C'est parce que je sais que *arriver* désigne un événement discontinu que je comprends que le participe passé *arrivé* se réfère à un événement achevé. C'est parce que je sais que *rester* désigne un procès continu que je comprends que le participe passé *resté* se réfère à un procès non achevé. Le locuteur francophone sait ainsi qu'il peut dire *il est arrivé en dix minutes*, mais non *il est resté en dix minutes*, et qu'il pourra dire *il est resté dix minutes*, mais non *il est arrivé dix minutes*.

[14] Le caractère peu normal de cette phrase tient au fait qu'elle suggère que j'ai attendu qu'il ait fini de pleuvoir pour rester à la maison. La structure même est tout à fait acceptable, comme il apparaît de l'exemple: *Lorsqu'il a eu plu, l'herbe a reverdi.*

Lorsqu'il a plu, je restais à la maison
Lorsqu'il a plu, je resterai à la maison

enfreignent la norme de la langue française.

En élevant son champ de recherches par paliers, du morphème au texte, la sémantique[15] vise à rendre compte de la fascinante activité humaine qui consiste à représenter la réalité au moyen d'actes de parole.

---

[15] Celle-ci incorpore alors l'analyse pragmatique et sémiotique du texte.

JOE LAROCHETTE: NOTICE BIBLIOGRAPHIQUE

[cf. H. GIPPER - H. SCHWARZ, *Bibliographisches Handbuch zur Sprachinhalts-forschung*, Teil I, Lief. 17, Opladen, 1974, p. 1959-1960, n°s 14496-14504]

1937

De Spaansche letterkunde sinds 1914. Brussel: Uitgaven van het N.I.R. 36 p.

1939

«Les aspects verbaux en espagnol ancien». *Revue des Langues Romanes* 68, 327-421.

1944

«Les aspects verbaux en espagnol moderne». *Revue belge de Philologie et d'Histoire* 23, 39-72.

1945

'Les Exploits de Jeunesse du Cid' de Guillén de Castro et 'Le Cid' de P. Corneille. Traduction nouvelle de la pièce espagnole, introduction et notes. Bruxelles: J. Lebègue (Collection Lebègue, 6e série, n° 68). 97 p.
«L'imparfait et le passé simple». *Les Études classiques* 13, 55-87.

1947

«Les rapports entre Wallons et Flamands». *Revue havraise de sociologie et de psychologie des peuples* 2:4, 447-462.

1950

«Les deux oppositions verbo-nominales». *Journal de Psychologie* 43 (janvier-mars), 109-120.
«Problèmes culturels et problèmes linguistiques». *Zaïre* 4, 123-165.
[c.r. par G. Atkins, *African Abstracts/Bulletin analytique africaniste* 2, 69-70. 1951]
«La racine du type CV dans les langues soudanaises». *Zaïre* 4, 583-612.
[c.r. par G. Atkins, *African Abstracts/Bulletin analytique africaniste* 2, 92. 1951; c.r. par M. Cohen, *Bulletin de la Société de Linguistique de Paris* 47/2, 264. 1951]

c.r. C. Meinhof: *Grundzüge einer vergleichenden Grammatik der Bantusprachen.*
   Kongo-Overzee 16, 304-306.
c.r. L. Homburger: *The Negro-African Languages. Kongo-Overzee* 16, 307-309.

1951

«Racines et radicaux dans les langues bantoues». *Kongo-Overzee* 17, 9-
   31.
[c.r. par M. Cohen, *Bulletin de la Société de Linguistique de Paris* 47/2, 264.
   1951; c.r. par V. Van Bulck, *African Abstracts/Bulletin analytique africaniste* 4, 142. 1953]
«Vers un humanisme africain?». *Bulletin de l'Association des anciens
   étudiants de l'I.N.U.T.O.M.* 10.
c.r. Ch. Sacleux: *Dictionnaire français-swahili. Zaïre* 5, 83-84.
c.r. G. Hulstaert: *La négation dans les langues congolaises. Kongo-Overzee* 17,
   84-86.

1952

«Le problème des langues dans l'enseignement aux indigènes du Congo
   belge». *Problèmes d'Afrique centrale* 5 (n° 16), 73-78.
[c.r. par H. Van Geluwe, *African Abstracts/Bulletin analytique africaniste* 5, 99.
   1954]
«La psychologie des peuples et l'étude du langage». *Revue havraise de
   sociologie et de psychologie des peuples* 7:2, 188-209.
c.r. C. Meinhof: *Grundzüge einer vergleichenden Grammatik der Bantusprachen.*
   Aequatoria 15, 78-79.

1954

«L'anthropologie et la linguistique à la recherche de l'origine des
   Basques». *Revue havraise de sociologie et de psychologie des peuples*
   9:4, 423-432.

1956

«La détermination du nom dans les langues soudanaises du Congo
   belge». *Kongo-Overzee* 22, 106-128.

1958

*Grammaire des dialectes mangbetu et medje, suivie d'un manuel de
   conversation et d'un lexique.* Tervuren: Musée Royal du Congo
   belge (Sciences de l'homme, Linguistique 18). 232 p.
[c.r. par M. Guthrie, *Bulletin of the School of Oriental and African Studies* 23,
   184. 1960; c.r. par J. Lukas, *Afrika und Übersee* 43, 138. 1959; c.r. par G.
   Manessy, *Bulletin de la Société de Linguistique de Paris* 45/2, 365-368.
   1960; c.r. par E.G.C. Polomé, *African Studies* 20, 69-77. 1961; c.r. par
   A.N. Tucker, *Kongo-Overzee* 25, 141-142. 1959]
«Les langues du groupe Moru-Mangbetu». *Kongo-Overzee* 24, 118-135.

1959

«Overeenkomst tussen Mangbetu, Zande en Bantu-talen». *Handelingen van het XXIIIᵉ Vlaams Filologencongres*, 247-250 (discussion p. 250).

1961

Conversation en [Conversation in/Gesprekzinnen in het]: Ciluba — Kikongo — Kinyarwanda — Lomongo — Lingala — Zande. Antwerpen/Anvers: U.N.I.V.O.G. — I.N.U.T.O.M. 135 p.

1965

c.r. A. Nehring: *Sprachzeichen und Sprechakte. Revue belge de Philologie et d'Histoire* 43, 1038-1045.

1967

«Teken en betekenis». *Handelingen van het XXVIᵉ Vlaams Filologencongres*, 610-617 (discussion 617-619).

«La signification». *Linguistica Antverpiensia* 1, 127-169.

«À propos de la fonction et de l'origine possible des classes nominales dans les langues négro-africaines». *Journal of African Languages* 6, 224-230.

c.r. J. Thomas: *Le parler ngbaka de Bokanga: phonologie, morphologie et syntaxe. Lingua* 18, 218-221.

1969

«Problèmes de grammaire transformationnelle. I. L'analyse transformationnelle de l'énoncé. II. À propos de la fonction des morphèmes. III. 'Rendre compte de la compétence linguistique'. IV. Introduction à l'étude transformationnelle de la syntaxe du verbe en français». *Linguistica Antverpiensia* 3, 133-257.

[c.r. par S. Machová, *The Prague Bulletin of Mathematical Linguistics* 14, 71-74. 1970; c.r. par Z. Stavinohová, *Sborník Prací Filosofické Fakulty Brněnské University* 20, 252-255. 1971; c.r. par R.L. Wagner, *Bulletin de la Société de Linguistique de Paris* 67/2, 145-147. 1972]

«L'imparfait et le passé simple». *Linguistica Antverpiensia* 3, 259-294.

«'Rendre compte de la compétence linguistique'». *Linguistique contemporaine. Hommage à Éric Buyssens.* Publié par J. Dierickx et Y. Lebrun. Bruxelles: Éditions de l'Institut de Sociologie, 99-114.

«À propos de la fonction des morphèmes». *Mélanges de linguistique, de philologie et de méthodologie de l'enseignement des langues anciennes offerts à M. René Fohalle.* Gembloux: Duculot, 65-72.

c.r. R. Steinitz: *Adverbial-Syntax. Linguistica Antverpiensia* 3, 316-318.

1970

«L'analyse transformationnelle de l'énoncé». *Actes du Xe Congrès International des linguistes (Bucarest, 28 août - 2 septembre 1967)*, t. II, 785-790 (discussion p. 790-792).
c.r. M. Alvar: *Estructuralismo, geografía lingüistica y dialectología actual. Orbis* 19, 237-241.
c.r. H. Mendeloff: *A Manual of Comparative Romance Linguistics: Phonology and Morphology. Orbis* 19, 241-243.
c.r. L. Hjelmslev - H.J. Uldall: *Outline of Glossematics*. Part I: *General Theory. Orbis* 19, 541-547.

1971

c.r. I. Iordan - J. Orr - R. Posner: *An Introduction to Romance Linguistics. Orbis* 20, 295-297.
c.r. S. Hamplová: *Algunos problemas de la voz perifrástica pasiva y las perífrasis factitivas en español. Orbis* 20, 297-298.
c.r. R. Martin: *Temps et aspect. Linguistica Antverpiensia* 5, 199-205.
c.r. H. Isenberg: *Das direkte Objekt im Spanischen. Linguistica Antverpiensia* 5, 205-206.

1972

«À propos du livre de Klaus Heger *Monem, Wort und Satz*». *Linguistica Antverpiensia* 6, 155-179.
c.r. R.W. Langacker: *Sprache und ihre Struktur. Linguistica Antverpiensia* 6, 211-214.

1973

«La représentation de la réalité». *Folia Linguistica* 6, 177-184.
c.r. Th. W. Ebneter: *Strukturalismus und Transformationalismus. Linguistica Antverpiensia* 7, 177-178.
c.r. J. Schroten: *Concerning the Deep Structures of Spanish Reflexive Sentences. Linguistica Antverpiensia* 7, 183-192.

1974

Le langage et la réalité. Problèmes de linguistique générale et de linguistique romane I (Internationale Bibliothek für allgemeine Linguistik, Band 21). München: Fink. 194 p.
[c.r. par Th. Büttner — A. Tovar, *Zeitschrift für Dialektologie und Linguistik* 46, 79-82. 1979; c.r. par U.L. Figge, *Romanistisches Jahrbuch* 27, 179-186. 1976; c.r. par F. François, *Foundations of Language* 14, 433-434. 1976; c.r. par R. Martin, *Revue de Linguistique romane* 41, 207-208. 1977; c.r. par X. Mignot, *Bulletin de la Société de Linguistique de Paris* 71/2, 127-129. 1976]
«Syntaxe et sémantique». *Le français moderne* 42, 324-331.
c.r. W.A. Koch: *Taxologie des Englischen. Orbis* 23, 526-532.

1976

c.r. J. Allwood - L.G. Andersson - Ö. Dahl: *Logik für Linguisten. Linguistica Antverpiensia* 10, 169-173.
c.r. H.J. Heringer: *Formale Logik und Grammatik. Linguistica Antverpiensia* 10, 173-174.
c.r. H. Lehmann: *Linguistische Modellbildung und Methodologie. Linguistica Antverpiensia* 10, 174-176.

1977

«La déixis temporelle en français». *Cahiers de l'Institut de Linguistique de Louvain* 5, 65-72.
c.r. B. Pottier: *Linguistique générale. Théorie et description. Linguistica Antverpiensia* 11, 204-210.
c.r. R. Martin: *Inférence, antonymie et paraphrase. Linguistica Antverpiensia* 11, 210-213.
c.r. K.H. Körner: *Einführung in das semantische Studium des Französischen. Linguistica Antverpiensia* 11, 213-214.

1978

«La notion d'aspect: le point de vue d'un africaniste». *La notion d'aspect.* Colloque organisé par le Centre d'analyse syntaxique de l'Université de Metz (18-20 mai 1978). Actes publiés par J. David et R. Martin (Recherches linguistiques. Études publiées par le Centre d'analyse syntaxique de l'Université de Metz, V). Paris: Klincksieck, 31-39 (discussion p. 39-40).
«La déixis temporelle en français». *Proceedings of the Twelfth International Congress of Linguists (Vienna, August 28 - September 2, 1977).* Eds. W.U. Dressler - W. Meid. Innsbruck: Institut für Sprachwissenschaft, 712-716.

1979

c.r. J. de Bruyne: *Spaanse spraakkunst. Linguistica Antverpiensia* 13, 305-308.

1980

Le langage et la réalité II. L'emploi des formes de l'indicatif en français (Internationale Bibliothek für allgemeine Linguistik, Band 43). München: Fink.
[c.r. par A. Dauses, *Zeitschrift für französische Sprache und Literatur* 92, 284-287. 1982; c.r. par O. Ducháček, *Philologica Pragensia* 27, 246-247. 1984; c.r. par D. Gaatone, *Mediterranean Language Review* 2, 139-142. 1986; c.r. par C. Hagège, *Bulletin de la Société de Linguistique de Paris* 77/2, 171-174. 1982; c.r. par D. Justice, *Romance Philology* 37, 530-531. 1983; c.r. par P. Swiggers, *Studies in Language* 8, 415-438. 1984; c.r. par P. Wunderli, *Le français moderne* 53, 90-95. 1985]

«Quelques considérations sur *nous les sommes, nous le sommes*». M. Dominicy - C. Peeters (éds), *Linguistics in Belgium* IV. Paris — Bruxelles: Didier — Hatier, 102-109.

c.r. M. Mahmoudian (éd.): *Linguistique fonctionnelle. Débats et perspectives. Linguistica Antverpiensia* 14, 294-300.

c.r. Ch. Rohrer (éd.): *Time, Tense and Quantifiers. Proceedings of the Stuttgart Conference on the Logic of Tense and Quantifiers. Linguistica Antverpiensia* 14, 300-304.

1981

«Quelques considérations sur la pronominalisation». M. Dominicy (éd.), *Linguistics in Belgium* V. Paris — Bruxelles: Didier — Hatier, 110-118.

«'Normal' et 'anormal' dans la syntaxe». *Logos semantikos. Studia linguistica in honorem Eugenio Coseriu 1921-1981.* Vol. II. Madrid — Berlin — New York: Gredos — Walter de Gruyter, 131-140.

«La portée de la phrase, le 'point de vue' et la valeur de vérité». K. Van den Eynde - M. Dominicy - S. P. Verluyten (éds), *Linguistics in Belgium* VI. Antwerpen: Universitaire Instelling Antwerpen, 84-98.

1985

«La portée de la phrase, le 'point de vue' et la valeur de vérité». *Romanistik integrativ: Festschrift für Wolfgang Pollak.* Hrsg. von W. Bandhauer - R. Tanzmeister. Wien: Braumüller, 303-313.

Joe LAROCHETTE

Vers une sémantique du texte

VERS UNE SÉMANTIQUE DU TEXTE

Un des thèmes centraux de la théorie de la littérature (all. *Literatur-wissenschaft*) est l'examen du «point de vue» du narrateur; cet examen cherche à fournir une réponse à des questions comme celles-ci: dans le roman, qui dit «je»? qui est omniscient? qui, sans être omniscient, a connaissance des événements dont il s'agit? qui les rapporte? qui les présente de cette façon? qui les juge ou les commente? La réponse à ces questions ne concerne pas seulement le chercheur qui veut découvrir la technique du roman, elle intéresse également le lecteur qui veut comprendre ce qu'il lit.

Or, la langue met à la disposition du locuteur différents moyens grammaticaux susceptibles de faire comprendre le point de vue. Il y a par exemple en allemand une différence très nette entre les phrases suivantes:

(1) Er sagt, er ist krank.
(2) Er sagt, er sei krank.
(3) Er sagt, er wäre krank.

Dans la première phrase, le locuteur rapporte un propos en le présentant comme s'il le reprenait à son compte. Dans la deuxième, au contraire, il dégage sa responsabilité en ce qui concerne la vérité du procès. Dans la troisième, il manifeste qu'il ne croit pas à la véracité du propos.

Il est assez étonnant que jusqu'à présent, l'étude du point de vue ait peu retenu l'attention des linguistes, alors qu'elle relève en grande partie du fonctionnement sémantique des modes et des temps.

Damourette et Pichon ont défini le subjonctif comme le mode du non-jugement. Cette définition est exacte si l'on appelle jugement la représentation d'une valeur de vérité: *il est vrai que ..., il n'est pas vrai que ...* En employant le subjonctif dans une phrase comme

(4) Je ne crois pas que Paul soit malade.

on manifeste qu'on ne veut pas ou qu'on ne peut pas se prononcer sur la valeur de vérité de la proposition «Paul est malade».

Qui dit jugement ou non-jugement dit juge. Qui est celui qui s'abstient ou ne s'abstient pas de représenter une valeur de vérité? Dans la phrase qui vient d'être citée, c'est évidemment moi, le locuteur. Mais si je dis:

(5) Paul ne croit pas que je sois malade.

il est assez évident que c'est Paul qui en juge ainsi. Le subjonctif reflète le point de vue d'un personnage. Moi, je puis savoir que je suis bel et bien malade.

Or, je puis dire également

(6) Paul ne croit pas que je suis malade.

Dans ce cas, il y a ce que j'appelle **hétéroscopie**, c'est-à-dire dédoublement du point de vue, car l'affirmation «je suis malade» ne peut être attribuée qu'à moi, puisque Paul n'y croit pas.

María-Luisa Rivero a étudié des phrases semblables en espagnol[1]. Elle résume sa thèse de la façon suivante: «The indicative complementizer is correlated with a positive presupposition about the truth of the complement, the subjunctive implies a neutral attitude. This paper shows that these presuppositions must be reflected in the underlying structure of the complement».

En se référant à une attitude soit positive, soit neutre présupposée, l'auteur ne dit pas à qui il faut attribuer cette attitude, quel point de vue celle-ci représente. En outre, ce qu'elle recherche, en bonne transformationaliste, c'est une structure de l'expression non ambiguë à laquelle on pourrait appliquer divers mécanismes transformationnels permettant d'aboutir à la structure superficielle. Or, ces manifestations de l'expression présupposent qu'on ait au préalable interprété correctement l'énoncé (et non seulement la phrase) ainsi que le texte tout entier à la lumière du contexte; des transformations opérant sur l'expression n'ont aucune force herméneutique; elles n'ont aucune valeur explicative en ce qui concerne l'interprétation.

Si la structure superficielle peut correspondre à plusieurs «structures profondes», c'est parce que le même énoncé est susceptible de recevoir plusieurs interprétations. Dès lors, sous peine d'atteler la charrue devant les bœufs, il faut rechercher quelles sont ces interprétations possibles et quels sont les indices qui peuvent orienter vers l'une d'elles.

L'analyse du fonctionnement sémantique de l'énoncé, si elle veut être complète, doit porter sur trois niveaux différents:
(a) le niveau du signifié de l'énoncé et de ses éléments
(b) le niveau du dénoté, de l'état de choses qui est représenté directement ou indirectement par le signifié
(c) le niveau de la portée du signifié, c'est-à-dire de tout ce que, par un raisonnement, on peut induire de l'énoncé dans son contexte, car il ne faut pas perdre de vue que le contexte est un moyen d'information aussi puissant que l'énoncé lui-même.

---

[1] M.-L. Rivero, "Mood and Presupposition in Spanish" (*Foundations of Language* 7, 1971, 305-336).

La portée de l'énoncé est le domaine des présuppositions qui se fondent sur les relations connues d'interdépendance.

Parmi ces relations, il y en a qui sont extra-linguistiques. Par exemple, en entendant son père dire: «Viens un peu ici, toi!», un enfant peut comprendre qu'il va être grondé. Il serait faux de dire que la phrase **signifie** cela, elle «donne à entendre» que l'enfant va être grondé. **Donner à entendre** est le terme qu'il convient d'utiliser lorsqu'il s'agit de l'induction d'une information.

Pour certains locuteurs francophones, il n'y a pas de différence sensible entre

(7) Je ne crois pas que Paul soit intelligent.
(8) Je ne crois pas que Paul est intelligent.

Mais celui qui utilise consciemment les ressources que la langue française met à sa disposition, sent fort bien que ces deux phrases impliquant une attitude différente, n'ont pas la même portée. Lorsque je dis:

(7') Je ne crois pas que Paul soit intelligent.

le subjonctif représente un non-jugement que *je ne crois pas* m'attribue. Mais lorsque je dis:

(8') Je ne crois pas que Paul est intelligent.

je représente le jugement «Paul est intelligent» comme ayant une valeur de vérité. Ce jugement ne peut être le mien, puisque je dis que je n'y crois pas. Dès lors il ne peut s'agir que d'un jugement rapporté: je présuppose qu'au moins quelqu'un d'autre est d'avis que Paul est intelligent. Il y a hétéroscopie, divergence du point de vue.

Avant d'aller plus loin, il convient de préciser qu'il faut distinguer la valeur de vérité de «Paul est intelligent» de l'attribution d'une valeur de vérité «J'affirme que Paul est intelligent», car en disant «J'affirme», je relativise la valeur de vérité. En exprimant que cette vérité est la mienne, je permets de comprendre qu'elle pourrait ne pas être celle de quelqu'un d'autre. De cette façon, paradoxalement, la phrase «J'affirme que Paul est intelligent» est moins affirmative que la phrase «Paul est intelligent». Un professeur d'arithmétique dira «Deux et deux font quatre» et non «J'affirme que deux et deux font quatre», car la vérité de 2 + 2 = 4 ne dépend pas de son point de vue.

Venons-en à la **déixis**. La déixis spatiale présuppose généralement une différence de point de vue. Ce qui est «ici» pour moi qui parle, n'est pas nécessairement «ici» pour celui ou ceux à qui je m'adresse, et ces deux «ici» peuvent être différents des «ici» de tiers dont il peut être question. Un verbe qui exprime un mouvement orienté présuppose un point d'orientation qui est le «ici» de l'observateur. On s'en rendra bien compte en comparant les deux manières dont je puis représenter mes quatre déplacements au cours d'une journée.

(9) À huit heures et demie, je vais à l'université.
Je reviens à la maison à midi et demi.
Je retourne à l'université à une heure et demie.
Je reviens à la maison à quatre heures et demie.
(10) J'arrive à l'université à neuf heures.
Je retourne à la maison à midi.
Je reviens à l'université à deux heures.
Je retourne à la maison à quatre heures.

Ce qui est dénoté, c'est le même état de choses. Mais dans le premier cas, il est représenté du point de vue d'un observateur réel ou imaginaire qui se trouve chez moi, et dont je m'éloigne en disant *je vais*. Dans le second cas, il est représenté du point de vue d'un observateur réel ou imaginaire qui se trouve à l'université et dont je me rapproche en disant *j'arrive*. Il est impossible de rendre compte de la distribution de ces verbes de mouvement en français sans tenir compte du point de vue. En outre, les indications de temps dépendent du verbe sélectionné, car lorsque je dis *Je retourne à l'université à une heure et demie*, je situe le début du déplacement, lorsque je dis *Je reviens à l'université à deux heures*, je situe la fin du déplacement.

J'ai montré dans *Le langage et la réalité II* que les oppositions entre les signifiés des temps de l'indicatif en français relèvent de la déixis temporelle, que nous concevons comme une déixis spatiale. Ce sont des oppositions de **visée**, la visée étant l'observation fictive ou réelle d'un procès antérieur ou non antérieur, sous un certain angle, à partir d'un point d'observation («observatoire») situé dans un plan d'orientation qui peut être (a) présent, (b) futur par rapport au présent, (c) passé, (d) futur par rapport au passé.

Or, toute observation présuppose un observateur. Qui est cet observateur? Ce peut être le locuteur lui-même ou un personnage désigné ou non désigné. Je puis changer de plan d'orientation sans pour cela manifester une différence de point de vue. Au lieu de dire:

(11) Paul viendra demain.

je puis dire:

(12) Paul vient demain.

Dans les deux cas, c'est moi l'observateur. Au lieu d'écrire:

(13) En 1805 il entre à l'École Militaire. Il en sortirait deux ans plus tard avec le grade de sous-lieutenant.

je puis écrire:

(14) En 1805 il entre à l'École Militaire. Il en sortira deux ans plus tard avec le grade de sous-lieutenant.

En employant le «présent historique», j'adopte un autre plan d'orientation, mais je reste l'observateur.

Mais comparons les deux phrases suivantes:

(15) Paul ira boire un verre pendant que sa femme fera des courses.
(16) Paul ira boire un verre pendant que sa femme fait des courses.

Elles n'ont pas le même signifié puisque l'une contient un futur et l'autre un présent. Ces signifiés différents représentent cependant exactement le même état de choses: le dénoté est le même. Mais les deux phrases n'ont pas la même portée, car de l'emploi du futur *fera des courses* dans la première, on doit induire que la visée est attribuée au locuteur, tandis que le présent *fait des courses* dans la deuxième phrase représente la visée (présente) de Paul au moment où il ira boire un verre.

Ce qui est futur pour le locuteur peut être passé pour le personnage:

(17) Mardi prochain, Paul sera de mauvaise humeur parce que la veille, comme d'habitude, son fils aura séché les cours et passé l'après-midi au cinéma.
(18) Mardi prochain, Paul sera de mauvaise humeur parce que la veille, comme d'habitude, son fils séchait les cours et passait l'après-midi au cinéma.

Dans les deux énoncés, il s'agit d'événements qui auront lieu la veille de mardi, donc lundi prochain. Mais la première phrase les représente du point de vue du locuteur comme antérieurs à un futur, la seconde phrase comme appartenant au passé du point de vue de Paul.

Au lieu de se présenter dans une proposition de temps ou de cause, le choix peut se présenter dans une proposition relative.

(19) Dans un mois, Paul ira à la banque retirer l'argent qu'il y aura déposé.
(20) Dans un mois, Paul ira à la banque retirer l'argent qu'il y a déposé.

Aura déposé: point de vue du locuteur; *a déposé*: point de vue de Paul. Mais ici les deux phrases ne dénotent pas nécessairement le même état de choses. Elles ne le font que si le dépôt dont il s'agit dans la deuxième phrase n'a pas encore eu lieu au moment de la parole; l'antériorité du dépôt qui est représentée par rapport au présent de Paul, peut être également une antériorité par rapport au moment de la parole. L'interprétation variera donc selon ce qu'exprime le contexte ou selon ce qu'on peut induire du contexte. Si l'on ne peut rien inférer du contexte, la phrase reste ambiguë.

Le style indirect est introduit par une classe de verbes que j'appelle hétéroscopiques parce qu'ils constituent un moyen lexical de distinguer les points de vue. Dans l'exemple suivant, on n'a pas le choix des temps:

(21) J'ai conduit ma voiture au garage pour une révision complète. Mais je sais déjà ce que le garagiste va faire. La semaine prochaine, il me téléphonera qu'il s'occupe *de ma voiture, mais que la veille un incident* est survenu *pendant que le mécanicien* remontait *le moteur; il* conclura *que je* devrai *encore patienter un peu.*

Tous les temps de cette dernière phrase sont ordonnés par rapport à un plan d'orientation présent, qui est le présent du personnage, mais un futur pour le locuteur. Dans un contexte semblable, on peut trouver l'adverbe *aujourd'hui*, qui serait l'*aujourd'hui* du personnage, mais non celui du locuteur:

(22) La semaine prochaine, il me téléphonera qu'il n'a pas le temps aujourd'hui, mais qu'il s'en occupera demain.

Après un verbe au futur, le présent du personnage peut coïncider avec le présent du locuteur: c'est de nouveau le contexte, et notamment le signifié lexical du verbe introducteur, qui permet de le comprendre:

(23) André finira bien par reconnaître que Paul est intelligent.

L'affirmation «Paul est intelligent» représente certes le point de vue futur d'André, mais le verbe *reconnaître* donne à entendre que le jugement est partagé par le locuteur.

Lorsque le contexte permet d'induire que l'état de choses dénoté est présent pour le locuteur, le futur peut donner à entendre qu'il représente le point de vue d'autrui:

(24) Le chien a mangé le rôti. Ce sera encore ma faute.

Ce futur se réfère à l'observation future du présent du locuteur. On pourrait paraphraser: «On dira encore que c'est ma faute». L'hétéroscopie de ce futur donne à entendre que de mon point de vue à moi, qui suis le locuteur, il n'est pas vrai que c'est ma faute.

Comme le futur comporte toujours une part d'incertitude et que la reproduction de l'affirmation d'autrui permet au locuteur d'éviter de se prononcer lui-même, ce futur hétéroscopique en vient à suggérer la probabilité d'un état de choses présent ou antérieur au présent.

(25) Le rôti a disparu! Ce sera encore le chien!
(26) On aura oublié de fermer la porte!

On pourrait paraphraser «On découvrira probablement que c'est le chien, on découvrira probablement qu'on a oublié de fermer la porte». Le futur simple et le futur antérieur, dans ce cas, **signifient** respectivement le futur et l'antérieur du futur, mais ils **dénotent** respectivement le présent et l'antérieur du présent. Quant à la «probabilité», elle n'est ni signifiée, ni dénotée, elle relève de la portée de la phrase, car elle est induite de l'emploi des temps dans un certain contexte.

L'allemand utilise le subjonctif qui exprime le non-jugement, pour donner à entendre que le propos n'est pas celui du locuteur ou est en discordance avec celui du locuteur. Le français utilise dans le même but le futur du passé:

(27) Baker serait revenu hier à Jérusalem, il serait en ce moment à Paris, il partirait demain pour New York.

Deux particularités du futur du passé expliquent cet emploi. D'abord, il est généralement hétéroscopique parce qu'il est rare que le contexte permette de comprendre sans ambiguïté que l'observateur est le locuteur lui-même. Ensuite, le futur du passé est d'autant plus impropre à représenter une valeur de vérité attribuable au locuteur que l'époque où cette vérité est valide reste indécise: l'état de choses représenté peut être antérieur, non antérieur ou postérieur à l'acte de parole.

(28) Il m'a dit qu'il serait prêt.

Qu'il serait prêt hier? Qu'il serait prêt aujourd'hui? Qu'il serait prêt demain? L'époque doit être précisée par le contexte.

Dans ce qui suit nous allons examiner les temps du plan d'orientation passé, et particulièrement du passé simple et de l'imparfait. Ce dernier peut entrer en concurrence avec un présent:

(29) L'industriel que Paul a rencontré est célibataire et s'appelle Dupont.
(30) L'industriel que Paul a rencontré était célibataire et s'appelait Dupont.

Ces deux phrases peuvent dénoter les mêmes états de choses: au moment de la parole, l'industriel est célibataire et s'appelle Dupont. Toutefois, la deuxième phrase donne à entendre qu'il s'agit de l'observation de Paul au moment où il a rencontré l'industriel en question. Il y a hétéroscopie: le locuteur peut savoir, lui, qu'il n'est plus vrai que cet industriel soit célibataire. Par contre, il est infiniment peu probable qu'il ne s'appelle plus Dupont, parce qu'on ne change pas si facilement de nom. Cela on le sait grâce au contexte, qui comprend non seulement tout ce qu'on sait des circonstances de la parole, mais aussi tout ce qu'on sait de la langue et du monde dans lequel nous vivons.

Arne Klum[2] a trouvé dans *Madame de Sévigné* de Gérard-Gailly le passage suivant:

(31) Le duc d'Enghien venait de perdre sa fille Anne, âgée de quatre ans. Il perdait aujourd'hui son fils Henri, âgé de trois ans.

Cet *aujourd'hui* qui ne peut être l'*aujourd'hui* du locuteur suffit à faire comprendre que l'imparfait *perdait* reproduit le point de vue du duc

---

[2] A. Klum, *Verbe et adverbe*, Uppsala, Almqvist & Wiksell, 1961, p. 252.

d'Enghien sur un événement qui, pour le locuteur, appartient à un lointain passé.

Pourquoi est-il impossible d'utiliser *aujourd'hui* avec un passé simple? Pourquoi celui-ci n'est-il jamais hétéroscopique et ne reproduit-il jamais que le point de vue du locuteur? Dans *Le langage et la réalité II*, j'ai montré que la visée de l'imparfait est **non distancée**, **sécante** et **rétrospective** (elle permet de jeter un regard en arrière pour observer la partie accomplie du procès) et qu'en outre elle est **non prioritaire**, c'est-à-dire qu'elle a besoin d'un situeur extérieur, qui peut être un événement concernant la mesure du temps («à sept heures») ou un autre événement dénoté par un verbe à un temps prioritaire. Comme cet autre événement peut concerner un autre personnage que le locuteur, l'imparfait se prête parfaitement à indiquer qu'il s'agit du point de vue de ce personnage.

Au contraire de celle de l'imparfait, la visée du passé simple est **distancée**, **non sécante** (elle permet d'observer soit le début, soit la totalité du procès), **non rétrospective**, mais elle est aussi **prioritaire**, c'est-à-dire que le passé simple contient son propre situeur et n'a pas besoin d'être situé par rapport à un autre procès. C'est pour ce motif que, contrairement à l'imparfait, il n'est jamais hétéroscopique et que de son emploi on peut induire que le verbe indique qu'il s'agit du point de vue du locuteur.

Comparons les deux énoncés suivants:

(32) On dévalua le franc. Le remède fut violent mais il fut salutaire.
(33) On dévalua le franc. Le remède était violent mais il serait salutaire.

Dans le premier, en raison du caractère prioritaire du passé simple, le commentaire *fut violent, fut salutaire* ne peut reproduire que le point de vue du locuteur et la valeur de vérité des états de choses dénotés ne peut être mise en doute. Dans le second énoncé, *était violent* et *serait salutaire* peuvent représenter le même état de choses et constituer un commentaire du locuteur, qui peut savoir qu'en effet le remède a été violent et qu'il a été salutaire. Même s'il indique le point de vue du locuteur, cet énoncé ne dénote plus le même état de choses, si *serait salutaire* ne s'applique pas à un passé, mais à un présent ou à un futur: le remède a été violent, mais il *est* salutaire, il a été violent mais il *sera* salutaire. Mais, au lieu de représenter un état de choses du point de vue du locuteur, le même énoncé peut le représenter du point de vue de ceux qui furent mis au courant de la dévaluation. On peut comprendre que c'est eux qui jugèrent que le remède était violent mais serait salutaire. Le locuteur préfère cette manière de présenter les choses s'il veut, lui, s'abstenir de donner son avis sur la violence du remède ou sur son efficacité passée, présente ou future.

On a vu plus haut qu'il fallait distinguer la valeur de vérité proprement dite de la représentation de l'attribution d'une valeur de vérité par un personnage. Ce qui est vrai pour un personnage peut être faux pour un autre, ou pour le locuteur au moment de la parole. La divergence de points de vue que j'ai appelée hétéroscopie met cela souvent en évidence.

Comme l'imparfait est très fréquemment hétéroscopique, il ne convient guère à l'expression d'une valeur de vérité. Il convient d'autant moins que si la visée d'un événement non continu (c'est-à-dire aboutissant nécessairement à un terme) est sécante et rétrospective, elle ne permet pas d'observer la partie non accomplie. Par conséquent, il est possible que celle-ci soit inexistante. Or, si un événement non continu ne s'est pas achevé, il n'a pas eu lieu. Manger une pomme est un événement non continu. Si j'ai vu quelqu'un mordre une fois dans une pomme, je ne peux pas dire qu'il a «mangé une pomme». C'est ce qui explique l'imparfait *de conatu* :

(34) Paul traversait la rue quand soudain il revint sur ses pas.

Il est clair qu'il n'est pas vrai que Paul a traversé la rue. Mais même en l'absence d'un contexte évident, l'imparfait d'un verbe dénotant un événement non continu comme *traverser la rue* ne peut être interprété comme impliquant l'accomplissement de l'événement. Si un témoin affirme à un procès :

(35) J'ai vu Paul qui traversait la rue.

on ne peut pas être sûr que Paul a effectivement traversé la rue. À la dernière minute, il a pu revenir sur ses pas.

Les verbes de modalité *pouvoir* et *devoir* expriment la condition d'un procès, car pour faire quelque chose, il faut pouvoir ou devoir le faire. Lorsque l'imparfait applique une visée sécante à l'un de ces verbes, la condition n'est pas encore remplie au moment de l'observation, ce qui implique que l'événement soumis à la modalité ne s'était pas encore produit. Des phrases

(36) Paul pouvait traverser la rue.
(37) Paul devait traverser la rue.

on ne peut induire que Paul a traversé la rue. Il en est tout autrement lorsqu'on dit :

(38) Paul put traverser la rue.
(39) Paul dut traverser la rue.

Comme le passé simple donne du «pouvoir» ou du «devoir» une visée complète, non sécante, on comprend que la condition a été remplie et que l'événement s'est produit.

La valeur de vérité ne concerne que notre monde. Comme l'imparfait est peu apte à exprimer une valeur de vérité, il n'est guère étonnant qu'on l'utilise dans les propositions conditionnelles introduites par *si* et qui représentent un monde imaginaire potentiel ou non potentiel.

Potentiel:
(40) Je ne sais pas si en ce moment mon bureau est chauffé. S'il était chauffé, je pourrais y travailler.

Non potentiel:
(41) Mon bureau n'est pas chauffé. C'est bien dommage, car s'il était chauffé, je pourrais y travailler.

Le passé simple est exclu de ces propositions parce qu'il exprime, lui, une valeur de vérité.

Le passé simple n'apparaît en style indirect après un temps du passé, que s'il s'agit d'exprimer le point de vue du locuteur. H. Sten[3] cite le passage suivant de Mauriac:

(42) ... il s'avoua que dix pages de Nietzsche le décidèrent.

L'affirmation est reprise à son compte par l'auteur: «Dix pages de Nietzsche le décidèrent et il se l'avoua». Si Mauriac avait écrit:

(43) ... il s'avoua que dix pages de Nietzsche l'avaient décidé.

il aurait laissé au personnage la responsabilité de ses dires.

Il est compréhensible que le passé simple (et le passé antérieur, de visée analogue) soit totalement exclu du style indirect libre, car celui-ci, dépourvu de liens grammaticaux avec un verbe hétéroscopique ne peut généralement être reconnu qu'à des indices négatifs parmi lesquels le plus puissant est qu'il est impossible d'attribuer le propos au locuteur. Or, c'est précisément ce que ferait le passé simple.

Tous les autres temps peuvent figurer dans le style indirect libre. Voyons un exemple du choix qui se présente au narrateur et oblige le lecteur ou l'auditeur à interpréter la portée de la phrase:

(44) Le 12, les bruits les plus extraordinaires qui ont commencé à circuler la veille, se répandent rapidement et s'amplifieront le lendemain. Le putsch a été organisé par le roi lui-même! Le roi lui-même est complice! Les généraux le prouveront!

Dans la première phrase, le prétérit *ont commencé* et le futur *s'amplifieront* s'ordonnent par rapport au présent «historique» *se répandent*: on comprend que l'observatoire du locuteur n'est pas celui du moment de

[3] H. Sten, *Les temps du verbe fini — indicatif — en français moderne*, København, Munksgaard, 1952, p. 117.

la parole (ou de l'écriture) mais les verbes n'en expriment pas moins son point de vue. Par contre, dans la seconde partie de l'énoncé, le contexte («les bruits», les points d'exclamation) donne à entendre que les verbes aux mêmes temps (passé composé, présent, futur) représentent le contenu des bruits qui circulent; en outre, les points d'exclamation qui signalent une intonation, indiquent que le locuteur ne reprend pas à son compte les bruits extraordinaires qui ont circulé. Il aurait pu s'exprimer ainsi:

(45) Le putsch aurait été organisé par le roi lui-même! Le roi lui-même serait complice! Les généraux le prouveraient!

On peut interpréter cette partie de l'énoncé de deux façons différentes. Ou bien c'est le locuteur qui attribue à d'autres l'affirmation que le roi est mêlé au putsch; lui, il ne le croit pas. Ou bien ce sont les gens qui colportent les bruits qui se contentent de rapporter ce que d'autres disent, tout en n'y croyant pas eux-mêmes. Dans ce cas, il y a trois points de vue à distinguer.

Il y aurait également trois points de vue à distinguer si le locuteur s'était exprimé de la façon suivante pour rapporter le contenu des bruits:

(46) Le putsch aura été organisé par le roi lui-même! Le roi lui-même sera complice!

Car ce que les temps donnent à entendre dans ce cas c'est que, selon les gens qui colportent les bruits, «on» (c'est-à-dire quelqu'un d'autre) découvrira probablement que c'est le roi qui a organisé le putsch et est complice. L'attitude des uns et des autres à l'égard de la valeur de vérité est plutôt positive, mais le locuteur, lui, reste neutre. L'énoncé peut encore être réécrit autrement:

(47) Le 12, les bruits les plus extraordinaires qui avaient commencé à circuler la veille, se répandirent rapidement et s'amplifieraient le lendemain. Le putsch avait été organisé par le roi lui-même! Le roi lui-même était complice! Les généraux le prouveraient!

Cette fois l'observatoire se trouve dans le plan d'orientation du passé et est situé par *se répandirent*; le contexte permet de comprendre que *s'amplifieraient* est un futur envisagé par le locuteur lui-même. Le contexte («les bruits», les points d'exclamation) permet aussi de comprendre que *avait été organisé*, *était complice* et *prouveraient* représentent le point de vue exprimé par les bruits, non celui du locuteur.

Conclusion.

Il est impossible d'interpréter correctement un texte, en particulier il est impossible de reconnaître à une des propositions que contient ce texte une valeur de vérité, sans tenir compte du *point de vue*, sans chercher à savoir qui juge et qui observe. Les modes et les temps ne signifient pas le point de vue, mais celui-ci peut être induit de l'emploi des temps et des modes, dans l'ensemble du contexte: celui-ci ne comprend pas seulement le contexte verbal avec son signifié et son dénoté, mais aussi tout ce que l'allocutaire sait des circonstances de la parole, du fonctionnement de la langue et du monde dans lequel il vit. Chacun des événements du contexte, et en particulier le choix des formes verbales, est susceptible de fonctionner comme un indice qui «donne à entendre» que le point de vue est celui du locuteur, celui du personnage ou encore celui d'une tierce personne. Mais «donner à entendre», ce n'est pas «signifier», car le signifié des signes est connu, il n'est pas nécessaire de faire un raisonnement pour y accéder.

L'imparfait et le futur du passé **donnent** très souvent **à entendre** que le propos est celui d'un personnage et par conséquent que le locuteur ne le prend pas à son compte, il reste neutre en ce qui concerne la valeur de vérité. Or, le subjonctif **exprime** précisément que quelqu'un — locuteur ou personnage — s'abstient de juger la valeur de vérité. C'est ce qui explique l'évolution historique qui a permis aux temps en -*ais* de se substituer au subjonctif dans les propositions qui représentent le style indirect ou le monde imaginaire.

ORIENTALISTE, P.B. 41, B-3000 Leuven